# Bilingual Adventures: Portuguese and English Tales for Kids

Teakle

Published by Teakle, 2023.

BILINGUAL ADVENTURES: PORTUGUESE AND ENGLISH TALES FOR KIDS

**First edition. July 5, 2023.**



ISBN: 979-8223654476

Written by Teakle.

# Table of Contents

# O Pequeno Pássaro Aventureiro
# The Little Adventurous Bird

Era uma vez um pequeno pássaro chamado Pedro. Pedro era um pássaro muito curioso e estava sempre em busca de aventuras. Ele vivia em uma floresta encantadora, onde as árvores eram altas e exuberantes, e o ar era perfumado com o doce aroma das flores.

*Once upon a time, there was a little bird named Pedro. Pedro was a very curious bird and was always in search of adventures. He lived in a charming forest where the trees were tall and lush, and the air was perfumed with the sweet scent of flowers.*

Um dia, Pedro acordou com um som misterioso vindo de longe. Ele pulou do seu ninho e seguiu o som até um riacho brilhante. Lá, ele viu uma família de patinhos brincando na água cristalina. Pedro ficou fascinado com a cena e decidiu se juntar a eles. Ele mergulhou no riacho e nadou junto com os patinhos, sentindo-se feliz e livre.

*One day, Pedro woke up to a mysterious sound coming from afar. He leaped from his nest and followed the sound to a sparkling stream. There, he saw a family of ducklings playing in the crystal-clear water. Pedro was fascinated by the scene and decided to join them. He dived into the stream and swam alongside the ducklings, feeling happy and free.*

Enquanto nadava, Pedro viu uma borboleta colorida voando pelo céu. Ele decidiu segui-la, curioso para descobrir para onde ela estava indo. A borboleta levou Pedro para um jardim encantado, cheio de flores coloridas e borboletas dançantes. Pedro ficou maravilhado com tanta beleza e passou a tarde explorando o jardim, fazendo amizade com as borboletas e se enchendo de alegria.

*While swimming, Pedro spotted a colorful butterfly flying through the sky. He decided to follow it, curious to find out where it was going. The butterfly led Pedro to an enchanted garden, filled with colorful flowers and dancing butterflies. Pedro was amazed by the beauty and spent the afternoon exploring the garden, making friends with the butterflies and filling himself with joy.*

No fim da tarde, Pedro estava cansado, mas seu espírito aventureiro não havia se saciado. Ele voou para uma montanha próxima, de onde podia ver todo o seu lar, a floresta. Lá do alto, ele viu um lindo arco-íris se formando no céu após uma chuva rápida. Pedro sentiu vontade de voar até o fim do arco-íris, onde imaginava que encontraria um pote cheio de tesouros.

*By the end of the afternoon, Pedro was tired, but his adventurous spirit was not satisfied. He flew to a nearby mountain, from where he could see his entire home, the forest. From up high, he saw a beautiful rainbow forming in the sky after a quick rain shower. Pedro felt the urge to fly to the end of the rainbow, where he imagined he would find a pot full of treasures.*

Pedro voou o mais rápido que podia e, finalmente, chegou ao fim do arco-íris. Mas em vez de um pote de tesouros, ele encontrou uma família sorridente de esquilos. Eles estavam se divertindo e brincando juntos. Pedro percebeu que a verdadeira riqueza estava na amizade e na alegria compartilhada. Ele se juntou aos esquilos e passou a tarde inteira pulando e brincando nas árvores.

*Pedro flew as fast as he could and finally reached the end of the rainbow. But instead of a pot of treasures, he found a smiling family of squirrels. They were having fun and playing together. Pedro realized that true wealth lay in friendship and shared joy. He joined the squirrels and spent the entire afternoon jumping and playing in the trees.*

Ao entardecer, Pedro voltou para seu ninho na floresta. Ele estava cansado, mas feliz. Ele aprendeu que as melhores aventuras estão em todos os lugares, basta estar aberto para descobri-las. Enquanto adormecia, Pedro sonhava com todas as aventuras que ainda estava por viver.

*At dusk, Pedro returned to his nest in the forest. He was tired but happy. He had learned that the best adventures are everywhere; you just need to be open to discovering them. As he drifted off to sleep, Pedro dreamt of all the adventures he had yet to experience.*

# A Princesa e o Coelhinho Curioso
# The Princess and the Curious Little Bunny

Era uma vez uma bela princesa chamada Sofia. Ela vivia em um castelo encantado, rodeado por um vasto jardim. Sofia adorava passar seus dias explorando a natureza e cuidando das flores do jardim.

*Once upon a time, there was a beautiful princess named Sofia. She lived in an enchanted castle, surrounded by a vast garden. Sofia loved spending her days exploring nature and taking care of the garden flowers.*

Um dia, enquanto caminhava pelo jardim, Sofia viu um coelhinho curioso saltitando entre as flores. O coelhinho era branco como a neve e tinha grandes olhos brilhantes. Sofia se aproximou dele com cuidado, estendendo a mão para acariciá-lo. Surpreendentemente, o coelhinho não fugiu, mas pulou nas pernas de Sofia, como se quisesse acompanhá-la em suas aventuras.

*One day, while walking through the garden, Sofia saw a curious little bunny hopping among the flowers. The bunny was as white as snow and had big, bright eyes. Sofia approached it cautiously, reaching out her hand to pet it. Surprisingly, the bunny didn't run away; instead, it hopped onto Sofia's legs, as if it wanted to accompany her in her adventures.*

Sofia ficou encantada com o coelhinho e decidiu levá-lo consigo para o castelo. Ela o chamou de Bolinha e construiu uma pequena toca para ele em seu quarto. Bolinha se tornou o melhor amigo de Sofia, e eles passavam horas brincando e explorando juntos.

*Sofia was enchanted by the bunny and decided to take it with her to the castle. She named it Bolinha and built a little burrow for it in her room. Bolinha became Sofia's best friend, and they spent hours playing and exploring together.*

Certo dia, Sofia e Bolinha descobriram um mapa antigo escondido no sótão do castelo. O mapa mostrava um tesouro escondido em uma ilha misteriosa. Animada com a perspectiva de uma nova aventura, Sofia decidiu partir em busca do tesouro, levando Bolinha consigo.

*One day, Sofia and Bolinha discovered an old map hidden in the castle attic. The map showed a treasure hidden on a mysterious island. Excited about the prospect of a new adventure, Sofia decided to set off in search of the treasure, taking Bolinha along.*

Eles navegaram em um barco mágico que os levou até a ilha. Ao chegar lá, Sofia e Bolinha encontraram uma série de desafios e quebra-cabeças para resolver. Com sua inteligência e coragem, eles superaram cada obstáculo e continuaram em frente.

*They sailed on a magical boat that took them to the island. Upon arrival, Sofia and Bolinha encountered a series of challenges and puzzles to solve. With their intelligence and bravery, they overcame each obstacle and pressed on.*

Finalmente, chegou o momento em que Sofia e Bolinha encontraram o tesouro escondido. Era um baú cheio de pedras brilhantes e uma coroa reluzente. Sofia sorriu e disse a Bolinha que o verdadeiro tesouro era a amizade e as aventuras que compartilharam juntos.

*Finally, the moment came when Sofia and Bolinha found the hidden treasure. It was a chest full of shiny stones and a sparkling crown. Sofia smiled and told Bolinha that the real treasure was the friendship and the adventures they had shared together.*

Com o tesouro no coração, Sofia e Bolinha voltaram para o castelo. Eles compartilharam sua história com todos e viveram felizes para sempre, sempre prontos para a próxima aventura.

*With the treasure in their hearts, Sofia and Bolinha returned to the castle. They shared their story with everyone and lived happily ever after, always ready for the next adventure.*

# O Gatinho Aventureiro
# The Adventurous Kitten

Era uma vez um gatinho chamado Simba. Ele era muito curioso e sempre estava em busca de novas aventuras. Simba vivia em uma pequena casa com sua família humana. Ele adorava brincar com seus irmãos gatinhos, mas sempre sonhava em explorar o mundo além dos limites do quintal.

*Once upon a time, there was a kitten named Simba. He was very curious and always on the lookout for new adventures. Simba lived in a small house with his human family. He loved playing with his kitten siblings, but he always dreamt of exploring the world beyond the confines of the backyard.*

Um dia, Simba viu uma borboleta colorida voando pelo jardim. Seus olhos brilharam de empolgação e ele decidiu segui-la. Saltando sobre o muro do quintal, ele entrou em uma grande floresta. Simba estava fascinado com a quantidade de árvores e sons diferentes que encontrou.

*One day, Simba saw a colorful butterfly flying through the garden. His eyes lit up with excitement, and he decided to follow it. Jumping over the backyard fence, he entered a vast forest. Simba was fascinated by the number of trees and different sounds he encountered.*

Enquanto explorava a floresta, Simba conheceu um sábio coruja chamado Olavo. Olavo percebeu que Simba estava perdido e decidiu ajudá-lo. Ele mostrou ao gatinho os caminhos seguros e como encontrar seu caminho de volta para casa.

*While exploring the forest, Simba met a wise owl named Olavo. Olavo realized that Simba was lost and decided to help him. He showed the kitten safe paths and how to find his way back home.*

Com o conhecimento adquirido, Simba sentiu-se mais confiante e continuou sua jornada pela floresta. Ele encontrou amigos animais ao longo do caminho, como esquilos brincalhões e pássaros cantores. Simba aprendeu com cada encontro e apreciou a diversidade da natureza.

*With the knowledge gained, Simba felt more confident and continued his journey through the forest. He encountered animal friends along the way, such as playful squirrels and singing birds. Simba learned from each encounter and appreciated the diversity of nature.*

No entardecer, Simba percebeu que estava ficando escuro e sentiu saudades de sua família humana. Ele seguiu as orientações de Olavo e encontrou o caminho de volta para casa. Quando chegou, foi recebido com amor e alegria por sua família, que estava preocupada com ele.

*As dusk approached, Simba realized it was getting dark and he started to miss his human family. He followed Olavo's guidance and found his way back home. When he arrived, he was greeted with love and joy by his family, who had been worried about him.*

Simba percebeu que, embora o mundo lá fora fosse emocionante, sua verdadeira casa e felicidade estavam ao lado de sua família. Ele agradeceu a Olavo por sua ajuda e prometeu ser um gatinho mais cuidadoso em suas próximas aventuras.

*Simba realized that although the outside world was exciting, his true home and happiness were by his family's side. He thanked Olavo for his help and promised to be a more careful kitten in his future adventures.*

# A Bailarina dos Sonhos
# The Dream Ballerina

Era uma vez uma menina chamada Sofia. Desde muito nova, ela tinha um grande amor pela dança. Cada vez que ouvia música, seu corpo se enchia de energia e ela começava a dançar, girando e saltando pelo quarto. Sofia sonhava em se tornar uma bailarina de verdade, mas não tinha aulas de dança nem sabia por onde começar.

*Once upon a time, there was a girl named Sofia. From a very young age, she had a great love for dance. Every time she heard music, her body filled with energy and she started dancing, twirling and leaping around the room. Sofia dreamt of becoming a real ballerina, but she didn't have dance lessons or know where to begin.*

Um dia, enquanto caminhava pelo parque, Sofia encontrou um velho livro empoeirado em um banco. Ela abriu o livro e encontrou uma foto de uma linda bailarina. Abaixo da foto, havia uma mensagem que dizia: "Siga seus sonhos e nunca pare de dançar". Sofia sentiu um arrepio percorrer seu corpo e soube que aquele livro era especial.

*One day, while walking through the park, Sofia found an old dusty book on a bench. She opened the book and found a picture of a beautiful ballerina. Below the picture, there was a message that*

Sofia levou o livro para casa e começou a estudar cada página com cuidado. Ela aprendeu os movimentos básicos da dança, imitando as posições e os passos mostrados nas ilustrações. Sofia praticava todos os dias, dançando com toda a sua alma, como se estivesse se apresentando para uma plateia de milhares de pessoas.

*Sofia took the book home and began studying each page carefully. She learned the basic movements of dance, imitating the positions and steps shown in the illustrations. Sofia practiced every day, dancing with all her soul, as if she were performing for an audience of thousands of people.*

Enquanto dançava, Sofia fechava os olhos e imaginava estar em um palco brilhante, vestida com um lindo tutu. Ela se sentia leve e graciosa, como uma bailarina de verdade. Sofia sabia que estava realizando seu sonho, mesmo que apenas em sua imaginação.

*While dancing, Sofia closed her eyes and imagined herself on a bright stage, dressed in a beautiful tutu. She felt light and graceful, like a real ballerina. Sofia knew she was fulfilling her dream, even if only in her imagination.*

Certo dia, Sofia teve a surpresa de sua vida. Ao chegar em casa depois de um dia de prática intensa, ela encontrou sua sala de estar decorada com balões coloridos e flores. No centro da sala, havia uma barra de balé. Seus pais estavam sorrindo e a aplaudindo. Eles disseram: "Você é uma bailarina incrível, Sofia, e queremos te apoiar em seu sonho."

*One day, Sofia had the surprise of her life. When she arrived home after a day of intense practice, she found her living room decorated with colorful balloons and flowers. In the center of the room, there was a ballet barre. Her parents were smiling and applauding her. They said, "You are an amazing ballerina, Sofia, and we want to support you in your dream."*

A partir desse dia, Sofia começou a ter aulas de dança em uma escola de balé. Ela se dedicava com afinco, sempre se lembrando das palavras do livro e da importância de seguir seus sonhos. Com o tempo, Sofia se tornou uma bailarina talentosa e realizou seu sonho de se apresentar em um grande teatro, encantando o público com sua graça e paixão pela dança.

*From that day on, Sofia started taking dance lessons at a ballet school. She worked hard, always remembering the words from the book and the importance of following her dreams. Over time, Sofia became a talented ballerina and fulfilled her dream of performing in a grand theater, enchanting the audience with her grace and passion for dance.*

Sofia ensinou a todos que, com perseverança e dedicação, os sonhos podem se tornar realidade. E ela continuou dançando, espalhando alegria e inspirando outros a seguirem seus próprios sonhos.

*Sofia taught everyone that with perseverance and dedication, dreams can come true. And she continued to dance, spreading joy and inspiring others to follow their own dreams.*

# O Leãozinho Aventureiro
# The Adventurous Lion Cub

Era uma vez um leãozinho chamado Leo. Ele vivia na savana africana com sua família na majestosa Reserva Animal. Leo era muito curioso e sempre sonhava em explorar além dos limites da reserva. Ele imaginava o que havia do outro lado, nas terras desconhecidas.

*Once upon a time, there was a lion cub named Leo. He lived in the African savannah with his family in the majestic Animal Reserve. Leo was very curious and always dreamed of exploring beyond the boundaries of the reserve. He wondered what lay on the other side, in the unknown lands.*

Certo dia, Leo decidiu que era hora de embarcar em uma grande aventura. Ele se despediu de sua família e partiu em busca de novas descobertas. Enquanto caminhava por vastas planícies e atravessava rios sinuosos, Leo encontrou uma girafa amigável chamada Mel. Ela tinha um pescoço longo e um sorriso gentil.

*One day, Leo decided it was time to embark on a great adventure. He bid farewell to his family and set off in search of new discoveries. As he walked through vast plains and crossed winding rivers, Leo encountered a friendly giraffe named Mel. She had a long neck and a kind smile.*

Mel perguntou a Leo sobre sua jornada e ficou impressionada com a coragem do leãozinho. Ela decidiu acompanhá-lo em sua aventura. Juntos, eles exploraram a selva, subiram em colinas altas e viram animais exóticos como zebras listradas e elefantes majestosos.

*Mel asked Leo about his journey and was impressed by the lion cub's courage. She decided to accompany him on his adventure. Together, they explored the jungle, climbed high hills, and saw exotic animals like striped zebras and majestic elephants.*

Enquanto continuavam sua jornada, Leo e Mel encontraram uma família de macacos brincalhões. Eles pulavam de árvore em árvore, fazendo acrobacias e rindo alto. Leo e Mel se divertiram muito com os macacos, aprendendo a balancear-se nos galhos e a imitar suas travessuras.

*As they continued their journey, Leo and Mel came across a playful family of monkeys. They jumped from tree to tree, performing acrobatics and laughing loudly. Leo and Mel had a great time with the monkeys, learning to balance on branches and imitate their mischievous antics.*

No entardecer, Leo e Mel chegaram a uma colina alta, de onde puderam ver a Reserva Animal ao longe. O pôr do sol pintou o céu com cores vibrantes, e o leãozinho se encheu de gratidão por sua aventura e pela companhia de Mel. Eles sabiam que era hora de voltar para casa.

*At sunset, Leo and Mel reached a high hill, from where they could see the Animal Reserve in the distance. The sunset painted the sky with vibrant colors, and the lion cub felt filled with gratitude for his adventure and the company of Mel. They knew it was time to return home.*

Leo e Mel voltaram para a Reserva Animal, onde foram recebidos com alegria por suas famílias. Leo compartilhou suas histórias emocionantes, e todos admiraram sua coragem. Ele aprendeu que a aventura pode estar em qualquer lugar, mesmo no lugar que você chama de lar.

*Leo and Mel returned to the Animal Reserve, where they were welcomed with joy by their families. Leo shared his thrilling stories, and everyone admired his bravery. He learned that adventure can be found anywhere, even in the place you call home.*

A partir desse dia, Leo continuou a ser um leãozinho aventureiro, explorando a reserva com um coração cheio de curiosidade. E Mel se tornou sua eterna amiga, compartilhando com ele cada momento emocionante de suas vidas.

*From that day on, Leo continued to be an adventurous lion cub, exploring the reserve with a heart full of curiosity. And Mel became his lifelong friend, sharing with him every thrilling moment of their lives.*

# O Coelhinho Atrapalhado
# The Clumsy Little Bunny

Era uma vez um coelhinho chamado Rodrigo. Ele morava em uma toca aconchegante no meio da floresta. Rodrigo era um coelhinho muito atrapalhado. Ele sempre se metia em confusões e acabava tropeçando nas próprias orelhas. Apesar de suas trapalhadas, ele era muito querido por todos os animais da floresta.

*Once upon a time, there was a little bunny named Rodrigo. He lived in a cozy burrow in the middle of the forest. Rodrigo was a very clumsy bunny. He always got into trouble and ended up tripping over his own ears. Despite his clumsiness, he was loved by all the animals in the forest.*

Um dia, Rodrigo decidiu ajudar seus amigos a preparar uma festa surpresa para o esquilo Saltitante. Ele estava animado, mas preocupado que suas trapalhadas atrapalhassem os planos. Rodrigo queria ser útil, então decidiu ajudar com a decoração.

*One day, Rodrigo decided to help his friends prepare a surprise party for the bouncy squirrel, Saltitante. He was excited but worried that his clumsiness would ruin the plans. Rodrigo wanted to be helpful, so he decided to assist with the decorations.*

Rodrigo pegou um rolo de fita colorida e começou a desenrolá-lo. Mas, sem querer, ele acabou se enrolando na fita e ficou preso. Ele tentou se soltar, mas só conseguiu fazer mais confusão. Os outros animais riram, mas logo foram ajudar Rodrigo a se libertar.

*Rodrigo grabbed a roll of colorful ribbon and started unraveling it. But accidentally, he got tangled up in the ribbon and got stuck. He tried to free himself, but only managed to create more chaos. The other animals laughed, but quickly went to help Rodrigo untangle himself.*

Apesar da confusão, Rodrigo não desistiu. Ele decidiu ajudar de outra maneira. Ele pegou um pincel e um balde de tinta e começou a pintar um cartaz para a festa. Mas, ao tentar se equilibrar na ponta dos pés para alcançar o alto do cartaz, Rodrigo perdeu o equilíbrio e caiu de costas no balde de tinta!

*Despite the mess, Rodrigo didn't give up. He decided to help in another way. He grabbed a brush and a bucket of paint and started painting a sign for the party. But while trying to balance on tiptoes to reach the top of the sign, Rodrigo lost his balance and fell backward into the paint bucket!*

Agora, Rodrigo estava coberto de tinta colorida da cabeça aos pés. Ele parecia um verdadeiro arco-íris saltitante. Os outros animais não puderam evitar as gargalhadas, mas logo perceberam que Rodrigo estava tentando ajudar de todo o coração. Eles o abraçaram e disseram que sua presença já era a melhor decoração para a festa.

*Now, Rodrigo was covered in colorful paint from head to toe. He looked like a bouncing rainbow. The other animals couldn't help but burst into laughter, but soon realized that Rodrigo was trying to help with all his heart. They embraced him and told him that his presence alone was the best decoration for the party.*

Na festa surpresa, Saltitante ficou emocionado ao ver todo o esforço de Rodrigo para tornar o dia especial. Ele agradeceu ao coelhinho atrapalhado e disse que não poderia ter pedido por amigos melhores. Rodrigo sorriu e percebeu que, mesmo com suas trapalhadas, era amado e valorizado por quem realmente importava.

*At the surprise party, Saltitante was touched to see all of Rodrigo's efforts to make the day special. He thanked the clumsy bunny and said that he couldn't have asked for better friends. Rodrigo smiled and realized that even with his clumsiness, he was loved and valued by those who truly mattered.*

A partir desse dia, Rodrigo aprendeu a abraçar suas trapalhadas como parte do que o tornava especial. Ele continuou sendo atrapalhado, mas também era o coelhinho mais amável e engraçado da floresta. E todos sabiam que, com Rodrigo por perto, a diversão estava sempre garantida.

*From that day on, Rodrigo learned to embrace his clumsiness as part of what made him special. He continued to be clumsy, but he was also the kindest and funniest bunny in the forest. And everyone knew that with Rodrigo around, fun was always guaranteed.*

# A Estrela Curiosa
# The Curious Star

Era uma vez uma estrela chamada Brilhante. Ela vivia no céu, rodeada por outras estrelas brilhantes. Mas Brilhante era diferente. Ela era curiosa e sempre se perguntava o que havia além do céu. Enquanto todas as outras estrelas permaneciam no mesmo lugar, Brilhante sonhava em explorar o universo.

*Once upon a time, there was a star named Shining. She lived in the sky, surrounded by other shining stars. But Shining was different. She was curious and always wondered what lay beyond the sky. While all the other stars remained in the same place, Shining dreamed of exploring the universe.*

Uma noite, quando o céu estava especialmente brilhante, Brilhante decidiu seguir seu coração e iniciar sua aventura. Ela deixou seu lugar no céu e começou a voar pelo cosmos. Brilhante passou por planetas coloridos, cometas brilhantes e galáxias deslumbrantes.

*One night, when the sky was particularly bright, Shining decided to follow her heart and begin her adventure. She left her place in the sky and started to fly through the cosmos. Shining passed by colorful planets, shining comets, and dazzling galaxies.*

Enquanto explorava o espaço, Brilhante encontrou uma estrela mais velha chamada Sábia. Sábia tinha uma sabedoria imensa e contou a Brilhante histórias fascinantes sobre o universo. Brilhante ficou encantada com as narrativas e percebeu que havia tanto mais a aprender e descobrir.

*While exploring space, Shining encountered an older star named Wise. Wise had immense wisdom and told Shining fascinating stories about the universe. Shining was enchanted by the narratives and realized that there was so much more to learn and discover.*

Continuando sua jornada, Brilhante encontrou um cometa chamado Rápido. Rápido era ágil e veloz, sempre em movimento. Ele convidou Brilhante para uma corrida pelo espaço. Brilhante aceitou o desafio e voaram juntos, deixando rastros de luz pelo caminho.

*Continuing her journey, Shining met a comet named Swift. Swift was agile and fast, always in motion. He invited Shining for a race through space. Shining accepted the challenge, and they flew together, leaving trails of light in their path.*

Depois de um longo tempo explorando o universo, Brilhante começou a sentir falta de casa. Ela sentiu saudades de seus amigos estelares e do brilho familiar do céu. Brilhante decidiu que era hora de voltar para casa e compartilhar suas aventuras com as outras estrelas.

*After a long time exploring the universe, Shining started to miss home. She longed for her stellar friends and the familiar glow of the sky. Shining decided it was time to return home and share her adventures with the other stars.*

Quando Brilhante voltou ao seu lugar no céu, as outras estrelas ficaram encantadas com suas histórias. Elas perceberam o quão corajosa e especial Brilhante era. E a partir daquele dia, todas as estrelas se tornaram um pouco mais curiosas, sonhando com as maravilhas além do céu.

*When Shining returned to her place in the sky, the other stars were delighted with her stories. They realized how brave and special Shining was. And from that day on, all the stars became a little more curious, dreaming of the wonders beyond the sky.*

# A Amizade Colorida
# The Colorful Friendship

Era uma vez uma caixa de lápis de cor chamada Arco-Íris. Dentro da caixa, cada lápis tinha uma cor diferente e viva. Eles viviam em uma prateleira na sala de aula da Escola dos Sonhos. Cada lápis tinha uma personalidade única, mas todos adoravam colorir e espalhar alegria pelo mundo.

*Once upon a time, there was a box of colored pencils named Rainbow. Inside the box, each pencil had a different and vibrant color. They lived on a shelf in the classroom of the Dream School. Each pencil had a unique personality, but they all loved coloring and spreading joy in the world.*

Um dia, na hora da aula, a professora colocou a caixa de lápis sobre a mesa e disse: "Hoje, vamos fazer um desenho especial!". Todos os lápis ficaram empolgados e prontos para começar a colorir. Mas havia um lápis tímido chamado Cinza. Ele se sentia deslocado porque sua cor não era tão brilhante quanto as outras.

*One day, during class time, the teacher placed the box of pencils on the table and said, "Today, we're going to make a special drawing!" All the pencils were excited and ready to start coloring. But there was a shy pencil named Gray. He felt out of place because his color wasn't as bright as the others.*

Enquanto os lápis coloriam o papel, Arco-Íris notou que Cinza estava triste. Ela se aproximou dele e perguntou o que estava errado. Cinza explicou que se sentia diferente e achava que não era tão importante quanto os outros lápis. Arco-Íris sorriu e disse: "Cinza, você é tão importante quanto todos nós. Cada cor tem sua beleza e seu propósito."

*While the pencils colored the paper, Rainbow noticed that Gray was sad. She approached him and asked what was wrong. Gray explained that he felt different and believed that he wasn't as important as the other pencils. Rainbow smiled and said, "Gray, you are just as important as all of us. Every color has its beauty and its purpose."*

Arco-Íris teve uma ideia. Ela pegou Cinza pela mão e o levou para junto dos outros lápis. Juntos, eles começaram a criar um desenho único e especial. Cada lápis usava sua cor para dar vida ao desenho, e Cinza acrescentava os detalhes sutis e importantes.

*Rainbow had an idea. She took Gray by the hand and brought him to the other pencils. Together, they started creating a unique and special drawing. Each pencil used their color to bring the drawing to life, and Gray added the subtle and important details.*

Quando o desenho ficou pronto, todos ficaram maravilhados. Era uma obra de arte cheia de cores vivas e tons suaves. O desenho mostrava que, quando todas as cores se unem, a beleza é ainda mais especial. Os lápis perceberam que a verdadeira magia acontece quando todos são valorizados e trabalham juntos.

*When the drawing was finished, everyone was amazed. It was a work of art full of vibrant colors and gentle shades. The drawing*

Desde aquele dia, Cinza nunca mais se sentiu deslocado. Ele entendeu que sua cor era única e valiosa. E os lápis aprenderam que a verdadeira amizade é construída na diversidade e no respeito. E assim, a caixa de lápis de cor Arco-Íris e seu amigo Cinza coloriram o mundo com alegria e amizade.

*Since that day, Gray never felt out of place again. He understood that his color was unique and valuable. And the pencils learned that true friendship is built on diversity and respect. And so, the box of colored pencils Rainbow and his friend Gray colored the world with joy and friendship.*

# O Peixinho Aventureiro
# The Adventurous Little Fish

Era uma vez, no fundo do mar, um peixinho chamado João. Ele era pequeno, mas muito curioso e corajoso. João vivia com sua família em um recife colorido e cheio de vida. Enquanto os outros peixinhos eram mais cautelosos, João sempre sonhava em explorar além do recife e descobrir o mundo além das águas azuis.

*Once upon a time, at the bottom of the sea, there was a little fish named João. He was small but very curious and brave. João lived with his family in a colorful and vibrant coral reef. While the other fish were more cautious, João always dreamed of exploring beyond the reef and discovering the world beyond the blue waters.*

Um dia, enquanto nadava perto da superfície, João viu um barco a navegar. Ele ficou fascinado com a ideia de ver o que havia acima da água. João decidiu que era hora de realizar sua aventura e explorar o desconhecido. Mesmo que seus pais estivessem preocupados, eles sabiam que o coração aventureiro de João o levaria em uma jornada incrível.

*One day, while swimming near the surface, João saw a boat sailing by. He was fascinated with the idea of seeing what was above the water. João decided that it was time to embark on his adventure and explore the unknown. Even though his parents were worried, they knew that João's adventurous heart would take him on an incredible journey.*

Assim, João começou a nadar em direção à superfície. Ele subiu mais e mais, até que conseguiu ver o mundo acima da água. Era tudo tão novo e emocionante para ele. João viu gaivotas voando, o sol brilhando e as ondas balançando suavemente. Ele nunca tinha visto nada tão bonito!

*So, João began to swim toward the surface. He went higher and higher until he could see the world above the water. It was all so new and exciting to him. João saw seagulls flying, the sun shining, and the waves swaying gently. He had never seen anything so beautiful!*

Enquanto explorava a superfície, João viu algo estranho preso em uma rede de pesca. Era uma tartaruga marinha assustada e enredada nas cordas. Sem pensar duas vezes, João nadou até a tartaruga e começou a morder as cordas com seus pequenos dentes afiados. Com muita determinação, ele conseguiu libertar a tartaruga e salvá-la.

*While exploring the surface, João saw something strange trapped in a fishing net. It was a scared sea turtle entangled in the ropes. Without a second thought, João swam to the turtle and began biting the ropes with his small sharp teeth. With great determination, he managed to free the turtle and save it.*

A tartaruga agradecida olhou para João com gratidão e disse: "Peixinho corajoso, obrigado por me salvar. Você é realmente um herói!". João ficou envergonhado, mas também se sentiu orgulhoso por ter ajudado. Ele percebeu que a coragem e a compaixão podem fazer a diferença na vida dos outros.

*The grateful turtle looked at João with gratitude and said, "Brave little fish, thank you for saving me. You are truly a hero!" João felt shy but also proud to have helped. He realized that courage and compassion can make a difference in the lives of others.*

Com o coração cheio de alegria, João decidiu voltar para casa. Ele sabia que sua família ficaria preocupada, mas também estava animado para compartilhar suas aventuras. João aprendeu que a exploração e a coragem podem levá-lo a lugares incríveis, mas também que o amor e o apoio da família são inestimáveis.

*With a heart full of joy, João decided to return home. He knew that his family would be worried, but he was also excited to share his adventures. João learned that exploration and bravery can take him to amazing places, but also that the love and support of family are invaluable.*

E assim, João nadou de volta para o recife, ansioso para contar sua história. Seus pais o receberam de braços abertos e, com orgulho, ouviram cada detalhe de suas aventuras. João percebeu que, não importa onde ele vá, sempre terá um lar amoroso esperando por ele.

*And so, João swam back to the reef, eager to tell his story. His parents welcomed him with open arms and proudly listened to every detail of his adventures. João realized that no matter where he goes, he will always have a loving home waiting for him.*

# O Coelho Aventureiro
# The Adventurous Rabbit

Era uma vez uma floresta encantada onde viviam animais de todas as cores e tamanhos. Entre eles, havia um coelhinho chamado Floquinho. Ele era branco como a neve e tinha olhos brilhantes como estrelas. Floquinho era muito curioso e sempre sonhava com grandes aventuras além da floresta. Enquanto os outros coelhos preferiam ficar perto de casa, ele ansiava por explorar o mundo lá fora.

*Once upon a time, there was an enchanted forest where animals of all colors and sizes lived. Among them, there was a little rabbit named Floquinho. He was as white as snow and had eyes that sparkled like stars. Floquinho was very curious and always dreamed of grand adventures beyond the forest. While the other rabbits preferred to stay close to home, he longed to explore the world outside.*

Um dia, Floquinho viu um grupo de pássaros coloridos voando pelo céu. Eles cantavam músicas alegres e pareciam estar se divertindo muito. Floquinho ficou encantado com a beleza e liberdade dos pássaros. Ele decidiu que queria voar como eles e conhecer lugares distantes que nunca havia visto antes.

*One day, Floquinho saw a group of colorful birds flying across the sky. They were singing joyful songs and seemed to be having a great time. Floquinho was enchanted by the beauty and freedom of the birds. He decided that he wanted to fly like them and explore distant places he had never seen before.*

Determinado a realizar seu sonho, Floquinho começou a procurar uma maneira de voar. Ele perguntou aos outros animais se sabiam como ajudá-lo. O sábio Coruja disse: "Para voar, você precisará de asas". O velho Sapo aconselhou: "Pule o mais alto que puder!". Mas, apesar de seus esforços, Floquinho ainda não conseguia voar.

*Determined to make his dream come true, Floquinho started looking for a way to fly. He asked the other animals if they knew how to help him. The wise Owl said, "To fly, you'll need wings." The old Frog advised, "Jump as high as you can!" But, despite his efforts, Floquinho still couldn't fly.*

Um dia, enquanto explorava a floresta, Floquinho encontrou uma borboleta mágica. Ela tinha asas coloridas e brilhantes, e voava com tanta graça que parecia dançar no ar. Floquinho perguntou à borboleta se ela poderia ensiná-lo a voar. A borboleta sorriu gentilmente e disse: "Pequeno coelho, o segredo para voar não está apenas nas asas, mas na coragem e na determinação."

*One day, while exploring the forest, Floquinho found a magical butterfly. She had colorful and shimmering wings and flew with such grace that she seemed to dance in the air. Floquinho asked the butterfly if she could teach him how to fly. The butterfly smiled kindly and said, "Little rabbit, the secret to flying isn't just in the wings but in courage and determination."*

A borboleta levou Floquinho a uma colina alta e disse: "Agora, feche os olhos e imagine-se voando. Sinta a brisa acariciar seu pelo e a liberdade de estar no ar." Floquinho seguiu as instruções da borboleta e, quando abriu os olhos, sentiu uma energia especial. Ele pulou com todas as suas forças e, para sua surpresa, conseguiu dar um salto mais alto do que nunca.

*The butterfly took Floquinho to a high hill and said, "Now, close your eyes and imagine yourself flying. Feel the breeze caressing your fur and the freedom of being in the air." Floquinho followed the butterfly's instructions, and when he opened his eyes, he felt a special energy. He jumped with all his might, and to his surprise, he managed to leap higher than ever before.*

Floquinho percebeu que talvez não pudesse voar como os pássaros, mas tinha a habilidade única de saltar e explorar o mundo de uma maneira diferente. Ele pulou de pedra em pedra, de galho em galho, descobrindo novos lugares e conhecendo outros animais ao longo do caminho.

*Floquinho realized that maybe he couldn't fly like the birds, but he had the unique ability to leap and explore the world in a different way. He jumped from rock to rock, from branch to branch, discovering new places and meeting other animals along the way.*

Com o passar do tempo, Floquinho percebeu que sua coragem e vontade de explorar fizeram dele um coelho especial. Ele compartilhou suas histórias emocionantes com os outros coelhos, inspirando-os a serem mais corajosos e aventureiros. E, assim, a floresta encantada ganhou um novo herói, o adorável coelhinho Floquinho.

*Over time, Floquinho realized that his courage and desire to explore made him a special rabbit. He shared his exciting stories with the other rabbits, inspiring them to be more courageous and adventurous. And so, the enchanted forest gained a new hero, the adorable little rabbit Floquinho.*

# A Estrelinha Brilhante
# The Shining Little Star

Era uma vez, no céu noturno, uma estrelinha chamada Estelinha. Ela era pequena e brilhava intensamente no meio de todas as outras estrelas. Estelinha sonhava em descer do céu e explorar a Terra. Enquanto as outras estrelas preferiam brilhar apenas no céu, ela ansiava por aventura e descoberta.

*Once upon a time, in the night sky, there was a little star named Estelinha. She was small and shone brightly among all the other stars. Estelinha dreamed of coming down from the sky and exploring the Earth. While the other stars preferred to shine only in the sky, she longed for adventure and discovery.*

Uma noite, enquanto brilhava no céu, Estelinha viu uma criança olhando para o céu e fazendo um pedido. A criança disse: "Queria ter uma estrela brilhante para me guiar pelo caminho". Estelinha sentiu seu coração se encher de alegria e decidiu que era a oportunidade perfeita para realizar seu sonho de descer à Terra.

*One night, while shining in the sky, Estelinha saw a child looking up at the sky and making a wish. The child said, "I wish I had a shining star to guide me on my way." Estelinha felt her heart fill with joy and decided that it was the perfect opportunity to fulfill her dream of coming down to Earth.*

Determinada a ser a estrela guia da criança, Estelinha começou sua jornada. Ela desceu do céu e atravessou as nuvens, sentindo a brisa fresca do vento em seu brilho. Enquanto voava pelo céu, ela viu paisagens deslumbrantes, montanhas majestosas e rios brilhantes. Estelinha sabia que estava perto de encontrar a criança que havia feito o pedido.

*Determined to be the guiding star for the child, Estelinha began her journey. She descended from the sky and crossed through the clouds, feeling the cool breeze of the wind against her glow. As she flew through the sky, she saw breathtaking landscapes, majestic mountains, and sparkling rivers. Estelinha knew she was getting close to finding the child who had made the wish.*

Finalmente, Estelinha encontrou a criança. Seus olhos brilharam de alegria ao ver a estrelinha descendo do céu. Estelinha iluminou o caminho da criança durante a noite escura, guiando-a com segurança. A criança olhava para a estrela com admiração e gratidão.

*Finally, Estelinha found the child. Their eyes sparkled with joy at seeing the little star coming down from the sky. Estelinha illuminated the child's path through the dark night, guiding them safely. The child looked at the star with admiration and gratitude.*

Enquanto Estelinha brilhava no céu noturno, a criança sorria e sentia-se protegida. Estelinha percebeu que, ao ajudar a criança, ela encontrou seu verdadeiro propósito. Ela descobriu que seu brilho poderia trazer felicidade e conforto para os corações das pessoas.

*As Estelinha shone in the night sky, the child smiled and felt protected. Estelinha realized that by helping the child, she had found her true purpose. She discovered that her light could bring happiness and comfort to people's hearts.*

E assim, Estelinha continuou sua jornada, guiando e iluminando o caminho de todas as pessoas que precisavam de uma estrela brilhante em suas vidas. Sua luz nunca se apagou, e seu coração estava cheio de alegria por poder trazer esperança e felicidade a todos.

*And so, Estelinha continued her journey, guiding and illuminating the path for all the people who needed a shining star in their lives. Her light never faded, and her heart was filled with joy for being able to bring hope and happiness to everyone.*

# O Elefantinho Curioso
# The Curious Little Elephant

Era uma vez, em uma floresta distante, um elefantinho chamado Zeca. Ele era pequeno e adorável, com orelhas grandes e uma tromba engraçada. Zeca era muito curioso e sempre queria descobrir novas coisas. Enquanto os outros elefantes preferiam ficar perto do rio, Zeca ansiava por explorar além da floresta e ver o mundo lá fora.

*Once upon a time, in a distant forest, there was a little elephant named Zeca. He was small and adorable, with big ears and a funny trunk. Zeca was very curious and always wanted to discover new things. While the other elephants preferred to stay near the river, Zeca longed to explore beyond the forest and see the world outside.*

Um dia, enquanto Zeca caminhava pela floresta, ele viu uma borboleta colorida voando de flor em flor. Fascinado, Zeca decidiu seguir a borboleta. Ele atravessou rios, pulou sobre pedras e passou por arbustos, determinado a alcançar a borboleta mágica.

*One day, as Zeca walked through the forest, he saw a colorful butterfly flying from flower to flower. Fascinated, Zeca decided to follow the butterfly. He crossed rivers, jumped over rocks, and passed through bushes, determined to reach the magical butterfly.*

À medida que Zeca seguia a borboleta, ele encontrou outros animais da floresta. Ele conheceu o coelho veloz, a coruja sábia e até mesmo um grupo de macacos brincalhões. Cada encontro trazia uma nova aventura e uma lição para Zeca aprender.

*As Zeca followed the butterfly, he encountered other forest animals. He met the speedy rabbit, the wise owl, and even a group of playful monkeys. Each encounter brought a new adventure and a lesson for Zeca to learn.*

Depois de muitas aventuras, Zeca finalmente alcançou a borboleta mágica em um campo ensolarado. A borboleta olhou para Zeca com um sorriso e disse: "Pequeno elefante, você é corajoso e curioso. Sua jornada o levou a conhecer novos amigos e a aprender coisas maravilhosas. Nunca deixe de explorar o mundo e buscar conhecimento."

*After many adventures, Zeca finally reached the magical butterfly in a sunny field. The butterfly looked at Zeca with a smile and said, "Little elephant, you are brave and curious. Your journey has led you to meet new friends and learn wonderful things. Never stop exploring the world and seeking knowledge."*

Zeca voltou para casa com o coração cheio de alegria e sabedoria. Ele compartilhou suas histórias com sua família de elefantes, inspirando-os a serem curiosos e corajosos como ele. E, a partir desse dia, Zeca sempre foi conhecido como o elefantinho curioso, que nunca deixou de aprender e descobrir.

*Zeca returned home with a heart full of joy and wisdom. He shared his stories with his family of elephants, inspiring them to be curious and brave like him. And from that day on, Zeca was always known as the curious little elephant who never stopped learning and discovering.*

# A Floresta Encantada
# The Enchanted Forest

Era uma vez, em uma floresta encantada, um coelhinho chamado Pompom. Ele vivia em uma toca aconchegante ao lado de uma grande árvore. Pompom era curioso e adorava explorar todos os cantos da floresta. Todos os dias, ele acordava animado, pronto para embarcar em novas aventuras.

*Once upon a time, in an enchanted forest, there was a little bunny named Pompom. He lived in a cozy burrow next to a big tree. Pompom was curious and loved to explore every corner of the forest. Every day, he woke up excited, ready to embark on new adventures.*

Um dia, enquanto Pompom saltitava pela floresta, ele encontrou uma trilha misteriosa. Curioso, ele decidiu segui-la e ver onde ela o levaria. A trilha era cercada por árvores altas e flores coloridas, deixando Pompom ainda mais animado.

*One day, as Pompom hopped through the forest, he stumbled upon a mysterious trail. Curious, he decided to follow it and see where it would lead him. The trail was surrounded by tall trees and colorful flowers, making Pompom even more excited.*

Enquanto seguia a trilha, Pompom encontrou vários animais amigáveis. Havia o esquilo ágil, o pássaro cantante e até mesmo uma família de cervos brincalhões. Cada encontro era uma oportunidade para Pompom aprender algo novo e fazer novos amigos.

*As he followed the trail, Pompom encountered several friendly animals. There was the nimble squirrel, the singing bird, and even a playful family of deer. Each encounter was an opportunity for Pompom to learn something new and make new friends.*

A trilha levou Pompom a um riacho encantado. A água era cristalina e brilhava com tons mágicos. Pompom ficou fascinado e decidiu descansar à beira do riacho. Enquanto estava lá, uma tartaruga sábia se aproximou e disse: "Pequeno Pompom, a floresta encantada guarda segredos maravilhosos. Continue explorando e nunca deixe de acreditar na magia que o rodeia".

*The trail led Pompom to an enchanted stream. The water was crystal clear and shimmered with magical hues. Pompom was fascinated and decided to rest by the stream. While he was there, a wise turtle approached and said, "Little Pompom, the enchanted forest holds wonderful secrets. Keep exploring and never stop believing in the magic that surrounds you."*

Inspirado pelas palavras da tartaruga sábia, Pompom continuou sua jornada. Ele explorou cavernas misteriosas, subiu em árvores altas e até mesmo encontrou um campo cheio de flores encantadas. A cada descoberta, Pompom sentia seu coração se encher de alegria e maravilhamento.

*Inspired by the wise turtle's words, Pompom continued his journey. He explored mysterious caves, climbed tall trees, and even stumbled upon a field filled with enchanted flowers. With each discovery, Pompom felt his heart fill with joy and wonder.*

Ao final de sua jornada, Pompom percebeu que a floresta encantada era muito mais do que ele jamais imaginara. Era um lugar repleto de magia, amizade e beleza. Pompom retornou à sua toca, mas seu espírito aventureiro nunca desapareceu. Ele sabia que a floresta encantada sempre o esperaria com novas surpresas.

*At the end of his journey, Pompom realized that the enchanted forest was much more than he had ever imagined. It was a place filled with magic, friendship, and beauty. Pompom returned to his burrow, but his adventurous spirit never faded. He knew that the enchanted forest would always await him with new surprises.*

# O Leãozinho e a Amizade
# The Little Lion and Friendship

Era uma vez, em uma savana distante, um leãozinho chamado Martim. Ele era brincalhão e cheio de energia, mas também se sentia solitário. Martim sempre observava os outros animais brincando juntos e desejava ter um amigo com quem pudesse compartilhar suas aventuras.

*Once upon a time, in a distant savannah, there was a little lion named Martim. He was playful and full of energy, but he also felt lonely. Martim would always watch the other animals playing together and wished he had a friend with whom he could share his adventures.*

Um dia, enquanto Martim explorava a savana, ele encontrou um filhote de elefante chamado Tomás. Tomás era gentil e amigável, e logo os dois se tornaram melhores amigos. Eles brincavam de correr pela grama alta, saltavam em cima de pedras e contavam histórias divertidas um para o outro.

*One day, while Martim was exploring the savannah, he came across a baby elephant named Tomás. Tomás was kind and friendly, and soon the two became best friends. They would play by running through the tall grass, jumping on rocks, and telling funny stories to each other.*

Juntos, Martim e Tomás exploraram a savana, conhecendo outros animais ao longo do caminho. Eles fizeram amizade com uma zebra listrada chamada Zequinha, uma girafa alta chamada Mel, e até mesmo um macaco esperto chamado Beto. A cada nova amizade, o coração de Martim se enchia de alegria e gratidão.

*Together, Martim and Tomás explored the savannah, getting to know other animals along the way. They befriended a striped zebra named Zequinha, a tall giraffe named Mel, and even a clever monkey named Beto. With each new friendship, Martim's heart filled with joy and gratitude.*

Um dia, Martim e seus amigos descobriram uma caverna misteriosa no coração da savana. Eles decidiram explorá-la juntos, com coragem e união. Dentro da caverna, encontraram um tesouro brilhante, mas perceberam que o verdadeiro tesouro era a amizade que compartilhavam.

*One day, Martim and his friends discovered a mysterious cave in the heart of the savannah. They decided to explore it together, with courage and unity. Inside the cave, they found a shiny treasure, but they realized that the true treasure was the friendship they shared.*

Martim aprendeu que a amizade é um tesouro valioso que não pode ser comprado ou encontrado, mas sim cultivado com amor, confiança e respeito. Ele percebeu que nunca mais se sentiria sozinho, pois tinha amigos incríveis ao seu lado.

*Martim learned that friendship is a valuable treasure that cannot be bought or found, but rather nurtured with love, trust, and*

E assim, Martim e seus amigos continuaram a explorar a savana,
criando memórias felizes e fortalecendo sua amizade a cada dia
que passava.

*And so, Martim and his friends continued to explore the savannah,
creating happy memories and strengthening their friendship with
each passing day.*

# A Magia do Arco-Íris
# The Magic of the Rainbow

Era uma vez, em um lindo vale, viviam animais de todas as cores e tamanhos. Havia coelhos saltitantes, pássaros cantantes, e até mesmo uma família de ursos brincalhões. Nesse vale, algo especial acontecia todas as tardes: um arco-íris mágico surgia no céu, enchendo o vale de cores vibrantes.

*Once upon a time, in a beautiful valley, animals of all colors and sizes lived. There were hopping rabbits, singing birds, and even a playful family of bears. In this valley, something special happened every afternoon: a magical rainbow appeared in the sky, filling the valley with vibrant colors.*

Os animais do vale sempre ficavam maravilhados com o arco-íris. Eles acreditavam que o arco-íris tinha poderes mágicos e trazia boa sorte para todos. Um dia, a raposinha Lila teve uma ideia brilhante: ela decidiu seguir o arco-íris para descobrir onde ele começava e onde terminava.

*The animals of the valley were always amazed by the rainbow. They believed that the rainbow had magical powers and brought good luck to everyone. One day, the little fox Lila had a brilliant idea: she decided to follow the rainbow to find out where it began and where it ended.*

Lila saltitou e correu pela floresta, seguindo as cores do arco-íris. Ela passou por rios, pulou sobre pedras e atravessou campos floridos. Quanto mais ela se aproximava do arco-íris, mais intensas as cores se tornavam, enchendo seu coração de alegria e curiosidade.

*Lila hopped and ran through the forest, following the colors of the rainbow. She crossed rivers, jumped over rocks, and passed through flowery fields. The closer she got to the rainbow, the more intense the colors became, filling her heart with joy and curiosity.*

Finalmente, Lila chegou ao final do arco-íris e encontrou uma surpresa encantadora. Lá estava um pequeno duende de barba branca e chapéu pontudo. O duende se chamava Faísca e era o guardião do arco-íris.

*Finally, Lila reached the end of the rainbow and found a delightful surprise. There stood a little elf with a white beard and a pointy hat. The elf's name was Sparkle, and he was the guardian of the rainbow.*

Faísca explicou a Lila que o arco-íris era um presente da natureza, trazendo alegria e esperança para todos os seres vivos. Ele disse que Lila era especial por ter tido a coragem de segui-lo até ali. Para agradecer sua coragem, Faísca presenteou Lila com um colar brilhante, feito com as cores do arco-íris.

*Sparkle explained to Lila that the rainbow was a gift from nature, bringing joy and hope to all living beings. He said that Lila was special for having the courage to follow it all the way there. To thank her for her courage, Sparkle gifted Lila with a shiny necklace made with the colors of the rainbow.*

Lila voltou para o vale, usando o colar brilhante. Ela compartilhou sua aventura e mostrou o colar aos outros animais. Todos ficaram encantados e sentiram-se abençoados por terem Lila como amiga. A partir desse dia, o vale se encheu de ainda mais magia, pois todos sabiam que a amizade e a coragem estavam sempre presentes.

*Lila returned to the valley, wearing the shiny necklace. She shared her adventure and showed the necklace to the other animals. Everyone was enchanted and felt blessed to have Lila as a friend. From that day on, the valley was filled with even more magic because everyone knew that friendship and courage were always present.*